六本木
騎士《ナイト》ストーリー

弘兼憲史　ヒロカネプロダクション

幻冬舎

※本作は、一部名称を仮名にしています。

夜の世界へ

1995年
東京　六本木
守川《もりかわ》敏《さとし》27歳
川村《かわむら》厚《あつし》27歳

川村 俺達 金も仕事も すべて失ったな …… どうする これから
このまま 死ねたら 楽かも しれませんね
東京へ出てきて 12年か…… 俺 何やってんだろう
守川さん 山口県出身ですよね 聞かせてくれませんか? こんな機会だし これまでのこと
俺の生まれ 育ったところは 山口県の岩国市 …… 米軍基地と 工業地帯《コンビナート》と 錦帯橋の街だ

守川は地元の中高一貫の
進学校にはいった
父親はエンジニア
母親は高校の教師で
教育熱心な家庭に育った
高1の時に
父親の転勤で
東京の府中に来て
地元の都立高校に
転校した
家計は苦しく
自由になるお金が
欲しかった
アルバイト募集
かぼちゃ館
居酒屋
かぼちゃ
すみませーん
面接に来たんですけど
おう
今日から
働いていきな

え？ こんなことでいいのだろうか……履歴書は要らないチラッと見ただけで採用……従業員は殆《ほとん》どが大学生のアルバイト
この業界はある意味ゆるくていい加減な世界だとわかった
18時のオープンから朝の5時まで馬車馬のように働いた時給600円 元気があれば朝帰宅してシャワーを浴びてたまに学校に行く
酒もタバコも麻雀も覚えたバイクを乗りまわし 週末は新宿のディスコに行き平日の夜はバイトそんないい加減な日々でも守川にとって働くことは学業より楽しかった
それって いわゆる「不良高校生」じゃないですか
はたからはそう見えるけど俺は歪んだことはしない人に迷惑はかけないこれだけは守った自分で稼いだ金で楽しく自由に過ごすま それだけのことだった

よく働き よく遊び 時々学生に戻る そんな生活の俺に 両親は半ば あきらめかけていたな
ま それでも 受験の時は 頑張って 日大の理工学部に 入学した
へえ…そんな生活で よく合格できましたね
ハハハ 俺は 岩国の進学校に いたころは 真面目でそこそこ 優秀な生徒だった その時の財産 みたいなものが 残っていたのかな
ま そんなわけで 大学へ通うことに なったのだが 通学が新宿経由 だったので 新宿でアルバイト先を 探した

そして 時給もよく可愛い女の子がいる店がみつかった
それは「不美人くらぶ」というキャバクラだった聞いたことあるだろう?
知ってますよ有名なところですね
最初の情報では早稲田と慶應の学生が経営し女子大生と会話を楽しむ店ということだったけど……
実は経営者《オーナー》は大学生ではないということを知ったま ざっくり言えばちょっと〝おっかな〟とでも言う感じの人だった
守川君かキミにはスカウトマンをやってもらう可愛い子を集めてくれ
王将
……はい

守川は自分の働く店は
評判の良い店であって欲しい
という哲学を持っていた
そのためには　自分も誠実で
いなければならないと
考えていた
スカウトする時も
甘言で誘ったり
騙したりすることはしないで
熱意を持って説明した
相手は何も知らない
若い女子大生だ
この娘《こ》達の将来を
傷つけるようなことに
ならないよう
ことこまかく注意した
お客をつかめば
歩合でお金に
なります
でもその為に
枕営業なんかしては
ダメですよ‼

枕営業って？
お客さんと寝ることです
それをすると体を張って商売をする売春と同じです
そんな姿勢がよかったのか〝普通の女子大生〟が集まる店としてマスコミにも取り上げられたちまち人気店となってお店は大繁昌した
当然 守川の稼ぎもよくて大学生にして当時のサラリーマンの月収の3倍を超える額を得るようになっていたそして念願のカローラを手に入れた

その後オーナーが
「不美人くらぶ」を手放して
六本木に新しく
キャバクラ「おどりだこ」を
オープンさせた
1987年のことだ
世はまさにバブル時代
守川は弱冠21歳で
六本木店の店長となり
稼ぎに稼いで
四駆の車を手に入れた
この時点で
大学には行かなくなり
自信もついたので
水商売の世界で
生きてゆく
決心をした
当然のことながら
守川を自分と同じ
エンジニアにしようと
していた父親は
大いに落胆した

しかし この世界には
海千山千がたくさんいて
大小の詐欺師が
跳梁跋扈《ちょうりょうばっこ》していた
素人が経営に
参入することは
非常に難しいと
いうことを痛感した
オーナーが
芸能界や
裏社会の人たちと
つながりが
多かったので
店に来る客も
その関係者が
少なくなかった
ここは度胸を据えた
そういう連中に
怯えていてはダメだ
守川店長
今日から
働いてもらう
娘です
よろしく
お願いします
私 キャバ嬢になるのが
夢でした
とてもドキドキ
しています！
初日だから
硬くならずに
笑顔で応対
して下さい！

店長 今日は ちょっとヤバいです
何が？
あそこに来ているのが 田舎のヤクザ者で 今日初めてみたいです
そして こっちの席に 座っているのが 関西の大組織の 幹部です！ じっと見てますが 大丈夫でしょうか？
確かにこの空気は 危険だと 直感した
しかも田舎ヤクザ の前に 座っているのは 今日初めての新人だ
あ ダメです やめて下さい
何を気取っとんかあ もっとこっちへ寄れや
いや

店長！どうします？
止めに行った方がよさそうだな
タッ
ブン
ガシャーン
あー？
なめとんのかわりゃー

クッサ
うわ！ヤバいことになった!!
こんのクソガキがぁ

バキ
ガシャー
パキイガ
ドス
ガッ
グエ
バキッ
グシャ
ベキャ

お客さん!
もう
やめましょう
ペッ
ピク
ピク
田舎ヤクザはグシャグシャに
潰されて 辺りは血の海となり
絨毯を歩くと
グチュグチュという音がした
3F
2F
警察を呼ぶことになったが
当時はこの程度の喧嘩は
事件として報道される
こともなかった

明日も来る？
も…もう
二度と来ません
ヒクッ
ヒクッ
「おどりだこ」は
その後も繁昌したが
他店の嫉妬なのか
暴力団の脅しなのか
嫌がらせが相次いだ
店の中に殺虫剤を
投げ込まれたり
店の前に
猫の首が置かれたり
していた……
守川は居直った
こんなことに
屈していては
六本木で
この商売を
することは
できない
この世界で
生きるには
それくらいの
覚悟がないと
やってゆけない

そんなある日
銀座
24
麻雀クラブ
謙信
かざぐるま
風船
BAR
DAM DAM
ホームビデオはオシュオ
ステーキハウス
ELINBAUM
消
内科・整
赤坂中央
この先
店長! マリアちゃんから
「迎えに来て欲しい」と
電話がはいってますけど
え?
彼女 今
どこにいるんだ?
それが流星興産の
武智社長と
アフターで出かけて
赤坂の「ベサメ」に
いるそうです
武智社長か
……
ちょっと
めんどうだな
よし 俺が
迎えに
行ってくる
ブロロロロ
3F
BESAME
3F
クラブ
満天星
BAR
ナック
和哥

もう帰るう
店のナンバーワンのマリアは泥酔していた
すみませーん
何だ守川！テメエ何しに来た？
かなり酔っているので連れて帰っていいですか？
何だ、コラァ
俺が 何かするとでも思っているのか!?

お願いします
CAMUS
ガッ
……
……

では 連れて帰らせていただきます
帰るよ マリア
この世界で学んだことのひとつは〝どんな時でも笑顔でいる〟ということだった
笑顔は相手に敵意を持たせないからだ
社長 どうしました？
あの男 若いのになかなかやるな
将来 この業界で六本木の帝王になるかもしれん

1991年
バブル崩壊
あれだけ隆盛を誇っていた
「おどりだこ」も倒産
CLUB
ODORIDAKO
お店自体 お客は
はいっていたのだが
幹部がいうところによると
オーナーの杜撰な金銭感覚が
経営を悪化させていたらしい
実際の経緯はわからないが
オーナーとは連絡が
取れなくなり 借金の
事後処理に追われる
毎日となった
残された守川達は
連日取り立てにくる
暴力団の脅しに対応
しなければならなかった

責任者を出せ!!
はい
僕ですが
てめえじゃ話にならねえ! ×××はどこに行ったんだ!?
オーナーは今 行方不明です
今までさんざん修羅場をくぐってきたので慣れっこになって不思議と恐くはなかった
ただ残された従業員の給料を払うために店を開けて頑張った
その責任がやっと果たせた時にナンバー2的な存在の先輩から声がかかった

守川
一緒に店をやらないか？
バブル崩壊後ということもあって
格安な家賃で新しい店を
オープンすることができた
それが「スコール」だ
今まで蓄えた自分の預金も
全部オープンのためにはたいて
協力した
そこに「おどりだこ」で
アルバイトの学生だった
おまえを呼んだんだ

そうだったんですか 俺のような人間に 声をかけてくれて ありがとうございます
俺はてっきり 共同経営者と 思っていたのに その扱いではなかった
守川さん おかしくないですか？ こんなに店に 人がはいっているのに リターンがないなんて
今更 詰め寄っても あの人はラチが あかんだろう
守川は改めて悟った こういう業界には 不誠実な人間は ヤマのようにいる
やるなら自分中心で やるしかない!! 信用できるのは 俺自身だ!!

何だ？
先輩 俺も出資しているんです 今の利益配分は最初の口約束とずいぶん違うじゃないですか
俺達話し合ったんですが改善してくれないとこれ以上この店で働くことはできません
もう続けられないです！
いいよ

そのひと言で終わった
話し合うまでもないひと言でしたね
ああ
明治

金も無い
仕事も無い
本当にこれからどうする？
守川さん俺達失ってないものがあります
何だ？
〝人〟という財産です女の子達に誠実に対応してきたからこそ得られる財産です！

守川さん達がいなくなるなら私「スコール」を辞めます
あんな店で働く気はありません！
私も「スコール」を辞めます！私達みんな二人についていきます
俺達もです
守川さん！店さえ持てればすぐにでも活動できる状態にあります
これってすごい財産ですよ！

川村 今 ひとつだけ 俺達に足りない ものがある
何ですか？
キャッシュだ 店を開く 現金が必要だ
それさえあれば 必ず這い上がる 自信はある！

金策

六本木でいい物件はあるか？
あります！六本木の交差点の近くの千原ビルです
千原ビルかあそこは「死にビル」と言われるところだぞ大丈夫か？
守川さん今は飲食店は借り手市場です保証金や家賃の支払いは交渉次第です
うーむ

手持ちの資金はどれくらい残っている？
「スコール」に投資したお金が戻ってこないのでとりあえず保証金くらいしかありません
この物件は60坪か……
その広さだと内装費も含めた準備資金を加えると……2倍 いや3倍は必要になるな
ムリですか？
ここであきらめては何のために「スコール」を出たのかわからない
とりあえずハコは確保しよう！一歩踏み出さなければ前へは進めない！
オープンは半年後の8月だ!!

ギロッポン不動産（株）
えー勘弁してよ その値段は ないでしょう！
古いビルでも ここは六本木の 中心だよ
社長 バブルが崩壊して おたくも資金繰りが 大変だろうし うちも必死なんです
うーん
保証金は今 即金で用意 しましたから
家賃の支払いは オープンしてから ということで 手を打ちましょう！

かなり強引に決めちゃいましたね
彼等も今はキャッシュが欲しい 目の前に札束を積まれたら手を出すさ
しかし この時点で手持ちの現金は完全に底をつきました
内装費はどうするんですか？
死にもの狂いで出資者を探す！
金が集まらなければオープンできない 保証金も取られて一文無しだ
いいですね この無謀な挑戦!!

守川が新しく店をオープンするという噂はまたたく間に六本木に広まった
六本木「スコール」オーナー 武田剛史
何ィ? 守川の野郎が店を始めようとしている!?
ええ 奴がこの辺の物件をチョロチョロ探しまわっているって聞きました
シュボ
ケッ 27歳の田舎者に何ができるっていうんだ! 失敗するに決まってるぜ
ただ うちの女の子《キャスト》が7人…… 先日店を辞めたんです
え?

更にスタッフの鈴木 斉藤 田村 若槻の4人が相次いで辞めていきました
何でだ?
すみません 僕達はお世話になった守川さんについていきます
信頼できるボスの下で働きたい
……って言いやがって
何だと!!
引き抜きか!! あの野郎 絶対に許さん! 潰してやる

麻布リカー
AZABU LIQUOR
当時は酒店が出店資金を貸してくれることがよくあった
守川さん「麻布リカー」さんが出資を考えてもいいって 連絡してきました
そうか!!
藁にもすがる気持ちだった
ただし条件がある
それを呑んでくれるなら開店資金を貸してもいい
はい……どういうことでしょうか？
金利は月5%お酒はメーカー価格(小売価格)で買い取ってもらう

店さえ失敗
しなければ
酒屋はボロ儲け
というカラクリだ
しかしこの時は
とにかく お金を
引き出したかった
わかりました
お願いします
ま とりあえず
キミがどんな男か
試す期間が欲しい
しばらく うちの
雑務を手伝ってくれ
はい！
何でも
やります
本当に
何でもやらされた
荷物運び 棚卸し
車の運転手
昼夜を問わず
呼び出されて
コキ使われた

徹夜が続いて
家まで運転して
帰ることが
できないくらい
疲れ切っていた
5時か……
ヨロ
ヨロ
タン
タン
タン
ガチャッ
守川さん
お疲れ様です

守川のマンションには「スコール」を辞めて 新店舗オープンのために連日スカウトに走りまわっている後輩達が同居していた
お帰りなさーい
何だ みんなまだ 起きていたのか……
はい 質のいい女性《キャスト》を どうやって スカウトできるか 今まで作戦会議を やってました
川村 そしてみんな もう寝ろ 俺もヘトヘトだ
クー

守川さん相当疲れているんですね
今ががんばり時だからな
俺達もがんばろうぜ
お休み
ジャーッ
お休みなさい
守川は　何故みんなが給料も払えない自分について来てくれるのか不思議だった
「曲がったことは絶対にしない」という信念を貫いているからなのだろうか

目醒めた時は
もう正午を
まわっていた
守川くん
おはよう
今起きたの?
あ
このおじいさんは
マンションの大家さん
スタッフはみんな
10時頃出てったわよ
そうですか
彼等は働き者
ですから
みんな若くて
いいわね
がんばるから
そう言って
この人は必ず
俺の体を触る

あ　どうも ありがとう ございます
東京には いろんな人が たくさんいる
そっちの世界には全く興味のない 守川だが　貧しい守川に格安で 部屋を提供してくれているので 文句は言えない
ん？

綾香だ！以前「スコール」で働いていた綾香じゃないか！
しかもずいぶんやつれている
綾香
あ　守川さん！
どうした？ずいぶん痩せたように思うけど……
……

ちょっと
お茶でも飲もう
cafe
アルカス
薬だろ……
うっうっ
もう私
ダメかも
しれない
当時 六本木界隈では
Sという覚醒剤が蔓延していた
悪い店のなかには あえてキャストや
従業員をシャブ漬けにして
彼等を支配し コントロールしやすく
するところもあった

綾香は完全にその薬物にむしばまれ心が病んでいた
あんなに人なつっこくて明るい子だったのに……
いいか綾香 今 おまえが住んでいるところからすぐに出ろ
荷物をまとめてとりあえず俺の富ヶ谷のマンションに来い
このままでは手遅れになる自分一人で薬物の誘惑と闘うのは難しい
もっと自分を大切にしろわかったな綾香！

ガチャ
ただいま
お帰りなさ…
綾香さん!?
お久しぶりです川村さん
川村ちょっと
?
綾香を立ちなおらせる大変だがやってくれ
はい

24時間 誰かがめんどうを見る体制を作れ
健康な体にしてまた我々と一緒に働いてもらおう
わかりました任せて下さい
ガチャ
守川さん大変です「麻布リカー」から融資を断るとFAXが来ました!!
何だって!?
何度も電話をしたのですが一切出てくれません
何かあったのでしょうか?

それが「スコール」の武田の差し金であるとすぐわかった
「麻布リカー」は「スコール」の取引先の酒店でもあるからだ
守川さん 武田は明らかに我々の行動を妨害しています！
くそッ
どこまでも腐った奴だ！
そして追い討ちをかけるように……
プルルルル
はいッ 守川です
あ 先日 連絡いただいた「みのり酒店」の大貫だがね

残念ながら
お宅がオープンする
新店舗とは
取り引き
できなくなった
な
何でですか?
約束が違うじゃないですか!
酒の無いナイトクラブなんて
ありえません!
……
「スコール」の
武田に
言われたんじゃ
ないですか!?
ガチャ
プー
八方塞がりだ

守川は
絶望の淵にいた
もはやこれまでか
……
内装も50％
進んでいる
プァー
ここで止めると
保証金は全て失い
内装業者に支払う
莫大な借金だけが残る
「俺の体に何億かの保険金を
かけておけばよかった」
守川はそこまで追い詰められていた
ゴー

そんな時
プルルルルル
高級ブランデー
レミーマルタンを
輸入している会社の
支社長から電話がはいった
守川です
噂に聞いたが
キミは「スコール」から
独立して新しい店を
作ろうと
しているのか？
は はい
独立と
いうか……
開店資金は
どうしている？
困っているんじゃ
ないのか？
はい！
苦戦して
います
今日の19時
赤坂の千代半に
来ないか？
色々話を聞きたい

千代半
まあ飲め
いただきます
キミは日本で一番夜の世界でレミーマルタンを売ってくれた男だ
その男がオープンする新しい店なら俺は信用するぞ

!!
はい
一人紹介したい
男がいる
大出君
はいってくれ
「大出酒店」の
大出と申します
よろしく
お願いします
初めまして
守川と
申します！
大出君には
キミの話は伝えてある
3000万円の
融資を引き受けて
くれるそうだ

!!
あ ありがとう ございます!
「棄てる神あれば 拾う神あり」 まさに 天の助けだった!
それじゃ足りんだろう うちの会社からも 協力させてもらうぞ
事業計画書を 持って 明日 うちの会社に 来てくれ
当時 ナイトクラブでは ヘネシーが主流だった そんな中 守川は以前働いていた店で ひたすらレミーマルタンを売り続けた その実績が買われたのだ
RÉMY MART
XO
更に別のお客さんからも 年36%の法外な金利で 金を借りることができた

東京 府中市
守川
お父さん 今日はお願いごとがあって やってきました
……
俺がお父さんに 頭を下げるのは これが最初で 最後になると 思います
この土地と 家屋を担保にして 差し出して くれませんか？

店が失敗すれば お父さんも俺も 一文無しになります 俺は一生一度の 大勝負に賭けました
……
私は会社の 派閥争いに敗《ま》けて 今 こういう 不遇な生活を 余儀なくされている
堅実に 生きていても いいことは 一度もなかった
その点おまえは のびのびと大胆に 自分の人生を 生きようとしている 羨ましいよ
おまえの 好きなようにやれ
人生は一度切りだ
父は戦友に なってくれた
ありがとう ございます

借金まみれで迎えた１９９５年10月予定より少し遅れて「チック１号店」はオープンを迎える
まだ内装工事の一部が終わっていなかったが川村を筆頭にずっと無給でついてきてくれたスタッフは 期待と高揚感に満ちていた
しかもキャストはとびきりの美人が集まったのだ

ただ「スコール」からの
嫌がらせは
続いていた
チックのオープンを
楽しみに待つ客に
向けて
「あいつらは裏切り者」
という
ダイレクトメールが
バラまかれていた
川村 開店資金は
何とか借りることができたが
運転資金は全くない
オープンと同時に客が一杯に
ならなければアウトだ
いいじゃないですか
その時は一緒に
首をくくりましょう
この時守川は
更なる困難が
待っていることを
十分予見していた

「チック」オープン
招かれざる客

うわ すごい！ 何だコレ
社長！ どうなって いるんですか？
信じられない
何と 開店と同時に お客がドッとはいって来て 満席となり ラストまで 絶えることがなかった
守川君 開店 おめでとう
レミーマルタン 東京支社長 金子善文
あ 金子支社長 おかげさまで 何とかオープンに 漕ぎつけました

おめでとう ございます
大出酒店 大出功介
しかし 凄いね この盛況
ありがとう ございます
どうして こんなに客が 来たんだ?
いや 自分でも よく わかりません
私のところに 「スコール」から ダイレクトメールが来た その内容は「チック」を 誹謗中傷する ものだった
「あいつらは 裏切り者だ!!」 ってな感じでな
それは 私も知ってます 六本木中に バラまいている ようです
それ「スコール」に とっては 逆効果だったかも 知れませんね

と言いますと?
「そんな店なら一回行ってみよう」と私の友人も言ってました つまり逆にいい宣伝になったというわけですよ
アハハ まさに「人間《にんげん》万事塞翁が馬」ですね
この時 守川は知っていた 単なるラッキーではなくて それなりの努力は十分やった結果だということを……
スタッフは最低1日1人はスカウトすること
そして甘い言葉で誘わずとことん誠実に対応するというこれまでのスタンスを守ってきたからだ

それがあったからこそ１００人ものキャストを集めることができた……
しかもみんなタレントやモデル級のとんでもない美人揃いである

もちろん初日で満席の噂は
六本木中に広がり この流れで
店はオープンからラストまで
満席の日が３カ月連続で
続いたのだ
CROSS
仏蘭東広場
CLUBLOSE
B2
しかし
招かれざる客も
次々とやって来た
SNAC CLUB JOY
SNAC タムタム
CLUB DREAM
イタリアンレストラン パニヨン
マールハウス
王将

祝開店
この業界の〝慣例〟である〝みかじめ料〟なるものを徴収に来たヤクザだ
ま これは常識だから わかっているだろうけど …… おまえんとこのオシボリは うちが納入するシステムに してくれんかなあ
あ……申し訳ありませんが 当方ではすでに 納入業者が決まって おりますので……
はあ？
今てめえ 何て言った？

ですから もうすでに決まっているので結構ですと言ってるんです
おいコラ 兄ちゃんいい度胸してるじゃないか?
てめえじゃ話にならん!オーナーを呼んでこい!!
うちのオーナーは大物ですよヤバいですよ
関わったら六本木が戦場になりますよ
!!
また来るからな
首を洗って待ってろ!!

ROPPONGI
CLUB
CHICK
パッ
ふう 今日も 終日満席で 終わったか
守川さん ラーメンでも 食いに 行きますか!
お いいね
あの連中 また来ます かね?
ああ これから しばらくは いろんな組織の連中が 次々とやってくるさ

この前はかなりハッタリをかましましたね
いいか川村ひるんだり恐れたりしたら奴等の思う壺だ
ウソでもハッタリでも何でもいいからひょうひょうとかわせ！
前歯の2、3本は無くなるかも知れないがそれぐらい肝《きも》を据えておかないと六本木《ここ》で商売はできないぞ
了解です！
一度関わりを持ったら店はその時点で終わりだと思った方がいい
中華
天々

クラブ アクシス
CLUB フォモサ
CLUB エル
BAR ゆり
CLUB 踊り子
BAR シャリバリ
暴力団の連中が出入りするようになると客層が悪くなり一般客が来なくなってそれで店は潰れる
おまえもそんな店はたくさん見てきただろう
はい 最初が…つまり今が大切なんですね！徹底的に排除しましょう
麻布警察署
守川は 知り合いの警察官から暴対法についてたっぷりレクチャーを受けた

まず脅されたら「名刺をいただきたい」と言って下さい
そこで名刺を出して来たら暴対法にひっかかります
被害を受けたら即被害届を出して下さい必ず逮捕します
仮に向こうが示談を持ちかけてきても一切応じてはダメです
みんな報復を恐れて被害届を出さないんですよね
あんた達みたいに勇気があって立ち向かってくれるオーナーさんは警察も全力で応援するから

おい コラ 守川! てめえ誰にめんどうを見てもらってんだ?
言え! どこの組だ?
それは言えません 言ったら俺 東京湾に 沈められますよ
ハッタリかますんじゃねえぞ!!
コラァ
ボス

うゲ
おい 川村!
てめえ
知ってんだろ!
知りませんよ
俺はただの
雇われ店長です
知ってるわけ
ないでしょう
なめんな
コノヤロー
おい! 顔から上は
殴るな!
キズが残る!!
ドス
ぐふッ

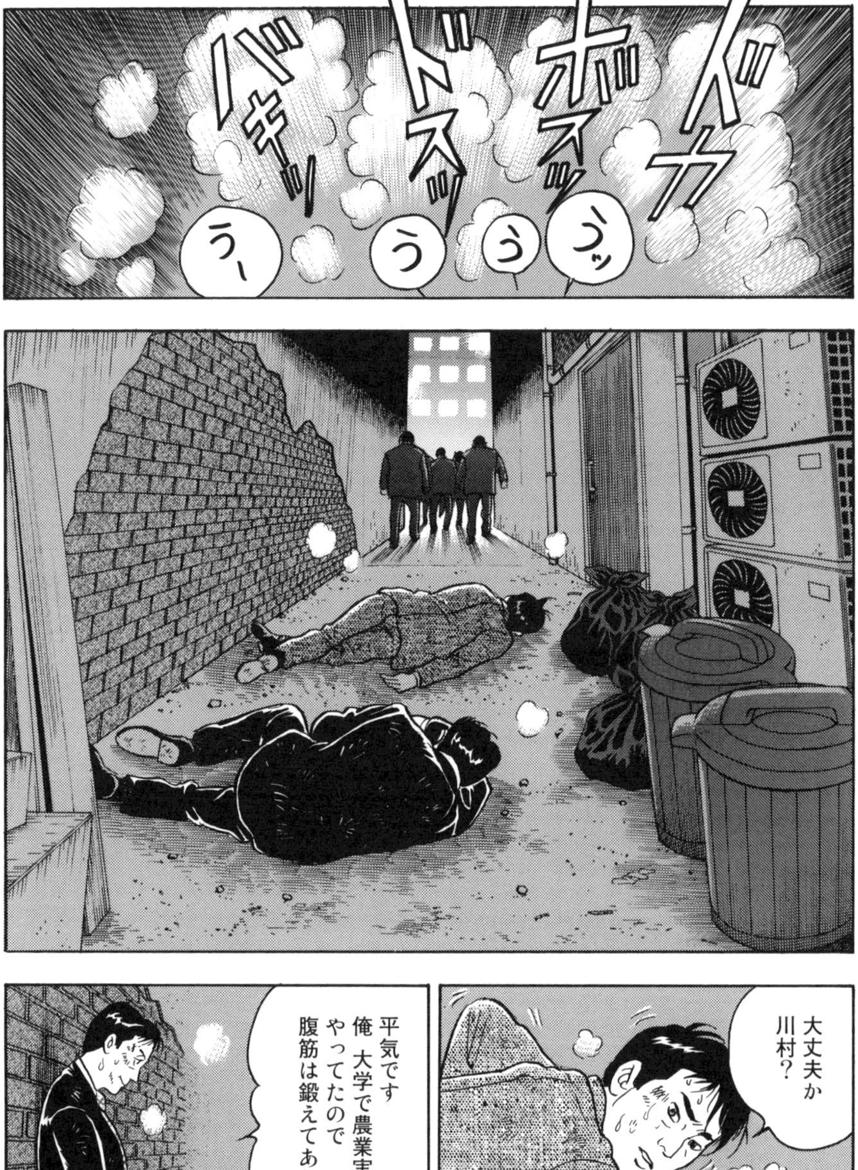
ドカ
ボスッ
ドスッ
バキッ
うッ
う
う
う、
大丈夫か
川村？
平気です
俺 大学で農業実習
やってたので
腹筋は鍛えてあります

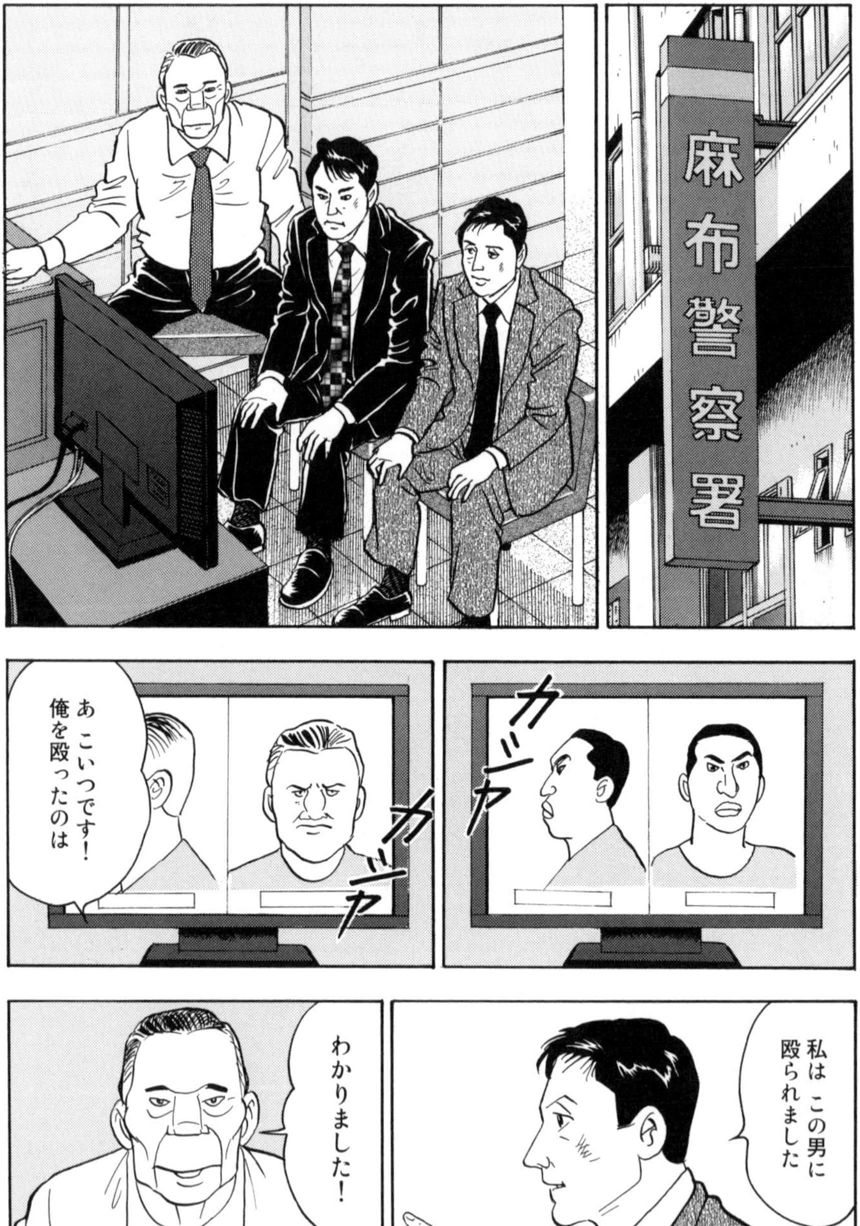
麻布警察署
カシャ
カシャ
あ こいつです！俺を殴ったのは
私は この男に殴られました
わかりました！

おい！このクソどもをしょっぴけ!!今すぐだ
はいッ
大丈夫ですかねお礼参りに来ませんかね
川村 よく考えろ莫大な借金そして俺達についてきてくれたスタッフ
俺達が背負っているものはとてつもなく大きい

その大きさを考えたら邪魔してくる奴等に屈するわけにはいかない
刺し違えても守り抜く覚悟だ
わかりました！生命保険増額しておきます！
そんな中 店は相変わらず繁昌した 守川は背負っていた借金を次々と返済していった
ガチャ
ガ

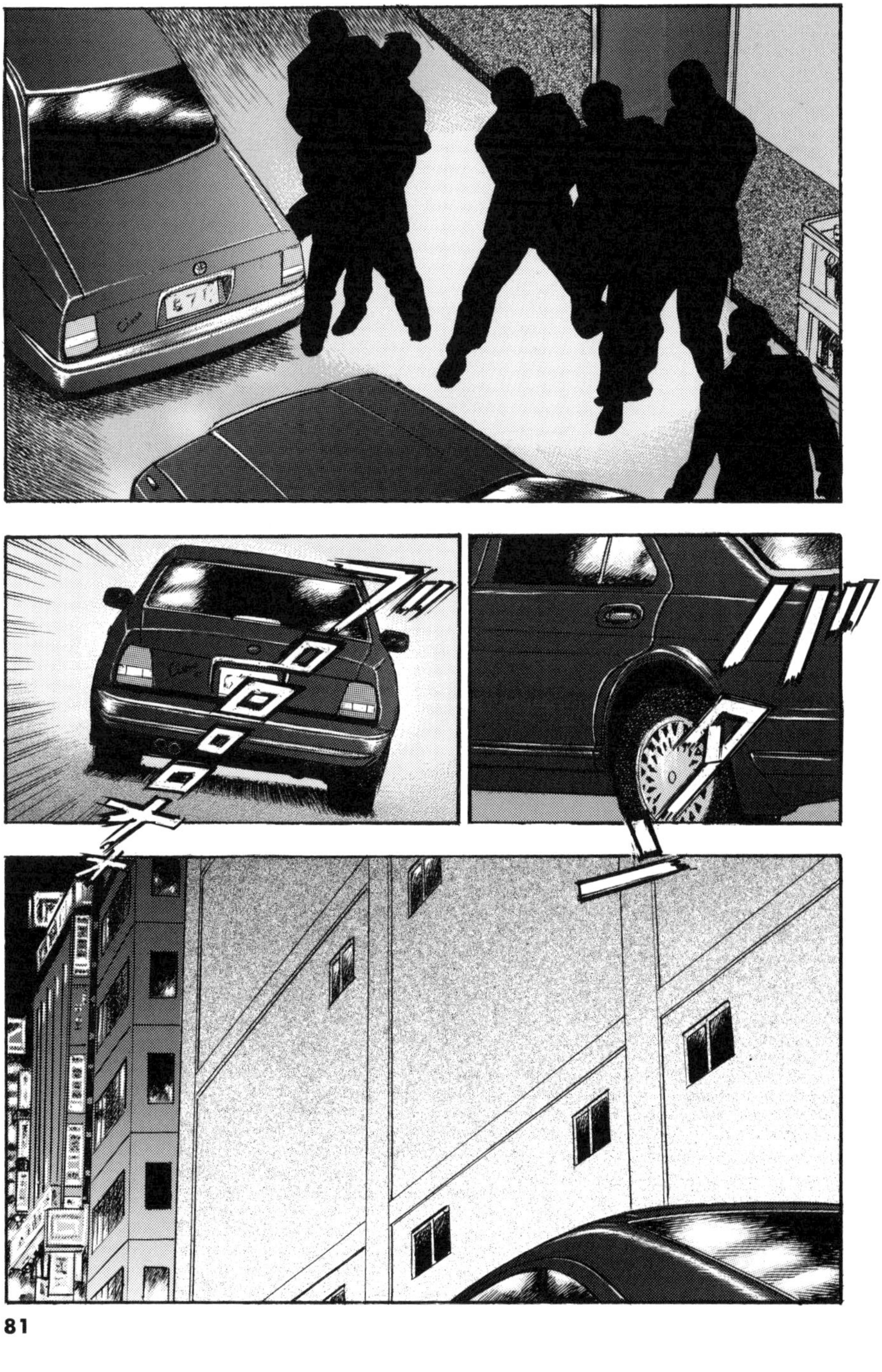
ブロロロロオオ

家に帰りたかったら先程提示した条件を呑め
この証文にてめえがサインすればそれで済むことだ
誓約書

……
ケッ しぶとい野郎だぜ
バタン
ガチャ
川村 俺達ここに監禁されてどれくらい経つ？
48時間くらいです
丸2日か奴等もそろそろあきらめる頃かな？
ここの場所はわかるか？
ええ 目隠しされて連行されたけど左右右左と曲がったので概ね見当がつきます それに この天窓の隙間からわずかに見えるネオンで特定できます

川村 俺まだ言ってなかったけど俺の父親と警視庁の暴《マルボー》トップが幼なじみなんだ
え そうなんですか!
なるほど それで 強気で押せるわけですね!
ああ 我々が拉致されて2日経つ警察が動き出す頃だから 奴等は俺達をそろそろ解放するはずだ
そしたら倍返しだ!!このアジトを警察に教えてこいつら全員逮捕させましょう
ま ここにいる奴等は組に雇われた半グレのチンピラだ
全員逮捕されたところで組は痛くも痒くもないだろう
しかしこれによって暴力団の連中には「チックは落ちない」「チックにだけは手を出してはいけない」という暗黙の了解が行き渡る筈だ

事実 それ以来
「チック」に対する
脅しや嫌がらせは
無くなった……
ROPPONGI
CLUB CHICK
働く女の子にとっても
「チック」は裏社会とつながりのない
安心して働ける店という評判がたって
質の高いキャストが集まり
更に店は繁昌していった
そして
クラブ「チック」は
1年も経たないうちに
六本木で
トップの店になった
１９９６年のことだ

守川はナイトクラブ経営を
システム化して
ビジネスモデルを作りあげた
「チック」の経営理念は次の３つです
①女の子が幸せになる
②お客様を幸せにする
そして 最後に
③我々スタッフが幸せになる

きれいごとを言うようだけど 決して利益が目的ではないのです
来たお客様を 幸せな気持ちに させることで そのお客様は 再び来店する そうなれば結果的に あなた達に リターンされて 収入が増える
その結果 我々スタッフにも 利益がはいる
つまり利益は 〝目的〟ではなくて 〝結果〟なのです
だから 皆さんも 誠意を尽くして お客様を幸せに して下さい 利益はあとから 付いてきます

守川は 借金を返済し
レミーマルタンの売り上げを
再び日本一にして
借金と一緒に恩も返した
REMY MARTIN
Superieur
REMY MARTIN
XO
水商売で得た利益は
不動産を購入することで
安定した資産に変えた
これまで見てきた
先輩達の放漫経営から
学んだ教訓だった
純喫茶
アカプルコ
そのために
「トゥエンティーワンコミュニティ」
という会社も立ち上げた
私生活ではある縁を得て
結婚し 家庭を持った

ビジネスは順調だったが
守川は漠然とした不安を
抱くようになった
今後 このビジネスが
ずっと続くのであろうか
という不安感と
焦燥感が常に
頭の中をめぐっていた
そんな時
休日に従業員と
バスケットボールをしていると
転倒し
足を骨折してしまった
これがまた
「ケガの功名」になるのだ

玉城整形外
あー これは1カ月くらい
安静にしなければ
いけないですね
1カ月の長い休み
守川は店に出す
ワインのテイスティングを
しながら過ごした
1996年当時は
ロマネ・コンティが
15万円前後
ボルドーの5大シャトーは
1万円台で飲めたのだ
CHATEAU MARGAUX
GRAND VIN
1986
GRAND VIN DE CHATEAU LATOUR
PAUILLAC
MONOPOLE
1988
ROMANEE-CONTI

DRCのラ・ターシュ
リシュブール
ロマネ・サン・ヴィヴァン
グラン・エシェゾー等
次々と飲んで
その旨さに圧倒された
ワインって
凄いな！
奥が深い……
MONOPOLE
LA TÂCHE
RICHEBOURG
売り物だと
思っていて
あまり手を
出さなかったが
ワインは
飲むものだ……
守川はこの時
ワインに
はまった
俺はたまたま
アルバイトで足を踏み入れた水商売で
成功したけど
一度しかない人生
このままでいいのだろうか……
もっとやりたい仕事が
あるのではないだろうか

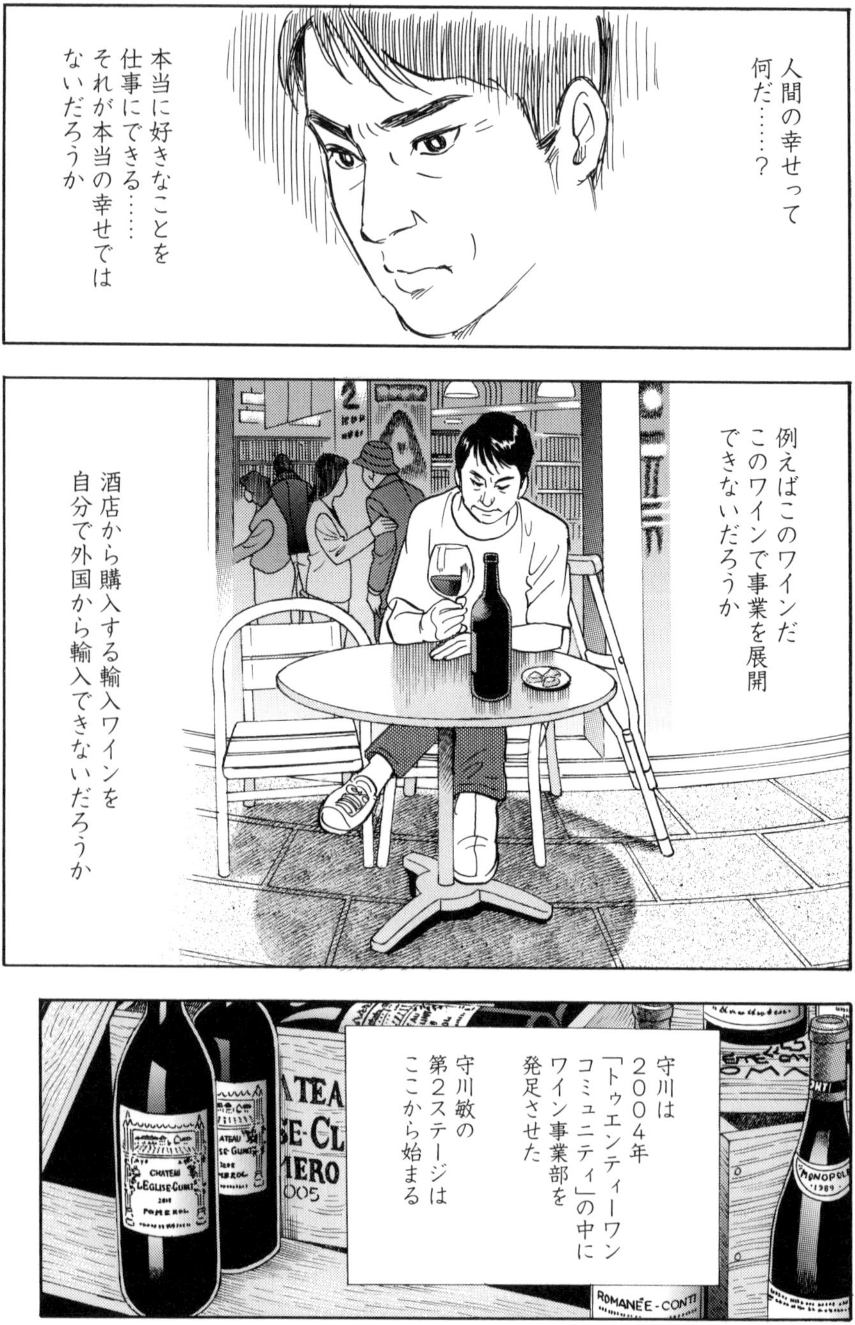
人間の幸せって何だ……？
本当に好きなことを仕事にできる……それが本当の幸せではないだろうか
例えばこのワインだ このワインで事業を展開できないだろうか
酒店から購入する輸入ワインを自分で外国から輸入できないだろうか
守川は2004年「トゥエンティーワンコミュニティ」の中にワイン事業部を発足させた
守川敏の第2ステージはここから始まる
ROMANÉE-CONTI

ワインの事業化

みんな 聞いてくれ
近々 我が社 トゥエンティィーワン コミュニティは ワイン事業部を 立ちあげる
えー
そう言えば 社長 ここんところ ワインにはまって いたからな
社長の 趣味の延長 みたいなもの かしら……

確かに趣味と言えば趣味かも知れない趣味と事業開始のマーケティングリサーチを兼ねて守川はフランスへ行った
2004年ダン・ピエール伯爵邸訪問
ムッシュ守川ようこそいらっしゃいました
ダン・ピエールです

うちのシャンパーニュは
フィスラージュという
麻ヒモでコルクを結びつける
昔ながらの技法を
とり入れています
このコルク締めは
一本一本職人の手仕事で
仕上げているんでしょ
はい だから
大量生産は
できません
数に限りのある
貴重な
シャンパーニュ
です
私どものシャンパーニュを
扱っていただけるなら
守川さんのところに
お任せしてもいいですよ

２００６年には
ボルドーのシャトーを
訪れた
シャトー・ムートン・ロートシルト
マルゴー ラトゥール
ラフィット・ロートシルト
オー・ブリオン オーゾンヌ
ペトリュス パルメ
レオヴィル・ポワフェレ等
殆どのワイナリーを回った
シャトーを
めぐっているうちに
守川は
あるアイデアを
思いつく

通常ワインが生産者から消費者に届くまでには生産者↓インポーター（輸入業者）↓酒問屋↓小売店↓消費者という流通経路をたどる
生産者
インポーター
REEFER CONTAINER
酒問屋
小売店
酒
消費者
ということは時間もかかるし中間マージンを抜かれるので商品コストは上がる
この過程を省けばつまり生産者から直輸入すれば価格は下がる
それをEC《イーコマース》サイトを使ってネット上で販売する方法だ

その方法なら
大規模にしないと
成り立たない
これは初期投資が
大きくなるが
思い切って
やってみよう
東京
マイアミ
COFFEE GAME
MIAMI
CONFECTIONERY RESTAURANT
ALMOND
アマンド
どうだろう
やはりワインは
有名銘柄でないと
売れないと
思うので……
そこで
勝負をして
みたいんだけど

いやぁ新規参入業者が有名銘柄のワインを扱うのは至難のワザですよ
もう すでにインポーターが付いていますからそれよりまだ知られていないいいワイン生産者をみつける方がいいのではないでしょうか
なるほどではどうすればいい?
「ヴィネクスポ」という隔年開催されるイベントに行ってみたらどうでしょう
「ヴィネクスポ」?
ボルドーでワインの生産者が一堂に集まって3日間にわたって行われる見本市のようなビジネスイベントです
やるなら中途半端はダメだ守川は早速現地へ飛んだ

VINEXPO 2007
2007年 フランス・ボルドー市 ヴィネクスポ会場
すごいな 生産者や インポーターが 世界中から 集まっているんだ
ここは BtoBの ビジネスが展開される 国際見本市ですね
とにかく あたってくだけろの 精神で 交渉してみよう

×××××××
×××××××
Non！
うちのワインの
日本のエージェントは
もう×××社に
決まっているから
Pardon
BOURGOGNE
Jean-Philippe MARCHAND
GEVREY-CHAMBERTIN
トゥエンティーワン
コミュニティ？
初めて聞く名前です
うちは×××社を
通して販売するという
契約を結んでいるので
ダメです！
あー
うちは無理
ですね
やはり
いきなりは
難しいか
……
そうですね
我々のような
新参者が
はいり込む
余地はない
というのが
現状ですね
!!

見てごらん
相手にされないのは我々だけじゃない……小さな生産者の連中もそうだ
淋しそうですね
行ってみよう
ボンジュール
私達は 日本から来たインポーターです あなたのワイナリーのワインを試飲してもいいですか？
あ！ もちろん!! どうぞどうぞ

トクトク
トクトク
カシスと
ブラックベリー
そして チョコレート
のような
ブーケがあると
思いますが
……
うん！
これは旨い！
しっかりした
造り手だ！
どうだ？
とても
おいしいです！
私どものような
無名の造り手には
エージェントが
寄ってきません

でも味は
人気ブランドのワインと比べても
決して負けてはいないと
自負しております
価格も10分の１です！
10分の1の価格なら是非このワインを扱ってみたいな
一度ワイナリーを訪問しよう
私達は
外国のエージェントと
話をしようにも
弱小ワイナリーなので
外国語が話せる人材が
いません
正直どうやって
売り出せばいいのか
見当がつかない
というのが本音です
わかりました
後日 あなたの
シャトーを
訪問したいので
名刺を下さい
メルシー！
メルシー!!
住所はここに
書いてあります
守川はその日
小さな生産者の
ブースを中心に
精力的に回った
CHAT

有名なワイナリーに相手にされなかったのがかえってよかった
小さな無名の生産者は守川のコンタクトを大変喜んだ
そして安くて旨い掘出し物もたくさん見つかったのだ
どれくらい名刺は集まった？
えっと現在53枚あります……
よし 明日も来て小さな生産者を中心に試飲をして回ろう

結局 3日間で
集めた連絡先は
200件以上になった
守川はとにかく多くのワインを
仕入れたいという思いで
車で一軒一軒生産者を訪れた
ムッシュ守川!!
お待ちしておりました！
ようこそ
我がワイナリーに！

CHÂTEA
どこのワイナリーも
大歓迎してくれた
そして彼等の悩みも聞いた
売りたいが方法がわからない
作っている量が少ないから
大手のインポーターから
声がかからない
しかし彼等はみんな
ワインへの熱い想いを
持っている
日本人にこのワインを
飲ませたい
何とか彼等を売り出す
方法はないものか

グォー
こうなったら自分が彼等のワインを扱って支えてあげたい守川はそういう気持ちを強く感じていた
それからの守川はビジネスに向けて一気に邁進する輸入免許 酒販免許をとりワインの事業化に向けて本格的に準備を始めた

ワインを扱うなら自らワインのプロフェッショナルにならねばならない
守川は忙しい合間をワインの勉強に費やしソムリエ試験に合格！
2009年にはECサイト「ワインショップソムリエ」をオープンして「楽天市場」に出店した
しかし ECサイトには他のワインショップもあるお目当てのワインを求めるお客は当然ながら より安く買えるサイトに行くそして勝ち抜くためには種類が豊富でなければならない

やるからには本腰を入れてかかろう！これは遊びじゃない！
我が社の柱となっていくビジネスだ
目標は高く掲げる
ECサイトのワインショップを5年以内に日本一にする
はいッ

ライバル業者に勝つためには何が必要だと思う？
……
価格でしょうか あと 信用
そうだ まず「ワインショップソムリエ」を印象付けるために〝どこよりも安い〟ということを宣言しよう

誰もが知っている ボルドーや ブルゴーニュの グランヴァンは 利益なしか マイナスでいい
ここを アクセスの入口として 名前を 覚えてもらう
そして 信用度を上げたら 低価格 中価格 高価格の レンジ幅を持たせる つまり1本1000円以下の ワインから 1本数百万円の ロマネ・コンティまで扱う
MONOPOLE
ROMANÉE-CONTI
Chateau Val Joanis
GRAND CRU
しかし それには 種類を集めなければ ならないと思うんですが 初期投資が大きくなる んじゃないですか?
そうだ まず 在庫を 10万本くらいに したい
10万本! 数億円 かかりますね

その内の高級ワインはクラブチックで取り扱ってもらおう
いいですね助かります
有名クラブで取り扱ってもらえると商品のブランディングにもなる
価格を安くすれば売り上げが増える売り上げが増えれば在庫不足になるそして仕入れを増やすと今度は在庫過多になる更に倉庫代もかさむ
その収支バランスがつかめるまでは当面赤字が続くだろう
そこを乗り切れば何とかやっていける筈だ

旨いな!
これは
どこのワインだ?
あ 確かに
旨い!
コスパが
いいですね
これはチリの
ヴィニャ・マーティという
ワイナリーのものです
ほら社長
先日ヴィネクスポに
行った時
会いましたよ
& FOIE GRA
え?
そうだっけ

パスカル・マーティさんですよ 覚えていませんか? ムートン・ロートシルトやオーパス・ワン チリのアルマヴィーヴァ等を 手がけた凄い醸造家の……
あー 思いだした!! あの人のワイナリー のものか!!
是非ここを うちの主要な 取引先にしよう
今ちょっと 電話を つないで くれないか
はい!
KalaK

その頃 守川は
自分で獲ったものを
食してみたいという思いから
狩猟免許をとり
毎年北海道へエゾシカや鴨を
獲りに行っていた
パン
ワン
ワン
ワン
よし
よし
バタ
バタ

エゾシカは 現在 生態系を壊し 農作物を食い荒らす 害獣に指定されている
年間約10万頭以上が 駆除されており 管理計画に基づき 市町村の要請で行うものや ハンターによる 自由狩猟も行われている
守川は解体処理する 技術も習得し 獲った肉は食用として 狩猟仲間の皆と 分け合っていた

この肉を
レストランで出せれば
一石三鳥ではないか
と思いを馳せていた
そんな矢先
六本木交番の裏通りに
1棟のビルが売りに出された
どうだろう平野さん
あのビルを買ってみよう
と思うんだが……
え？ あそこ？
人通りもなく
「死にビル」と呼ばれて
いますよ
大丈夫ですか？

もと料亭だったため
鬱蒼とした竹林に
囲まれている
6階建てのビルだ
梅庵
いや 今は
状況が変わった
六本木ヒルズができ
大江戸線六本木駅の
出口が近くにできた
……
20年以上
この六本木で
働いてきた俺には
この場所は〝化ける〟
予感がする
……
落札するぞ
すぐに
手続きに
とりかかろう！

守川さんゲットしましたけどリーマンショックがまだ尾を引いている時ですよ
そこまでリスクを背負ってこのビルを買ったのはどういう目算ですか？
このビル1棟でうちが今持っているソフトを1カ所に集約できるからだ
自社《うち》のソフト？
レストランワインの物販ショップそしてワイン倉庫

更にはこのビルを大幅改装して3軒目のナイトクラブを作る
会員制の高級ナイトクラブだ
人はひとつの目的のためだけでは集まらない「食べる」「買う」「飲み遊ぶ」このソフトを融合させることによって相乗効果《シナジー》が生まれる
レストランではジビエのメニューを出したい
毎年 俺が獲った獲物を食材として提供する自分の趣味とビジネスを融合させることもできる

２０１０年「死にビル」は見事に改装され
イタリアンレストラン「ぶどう酒食堂さくら」がオープンショップで買ったワインをプラス２０００円でレストランに持ち込めるシステムにした
これが評判を呼び「ぶどう酒食堂さくら」は連日満員となった

そして、その先へ

うちは1階はカジュアルなイタリアンレストランで2階、3階はル・プティ・マルシェというカジュアルフレンチレストランになっています

1階のピザ窯はナポリでもっとも老舗の窯メーカーから輸入してピザ職人に作らせています

1階は様々な違ったスタイルで食事ができるように作りました
あ ここは大人数で集まった時に使えますね
そうですね 20人くらいのパーティならやれますね
カウンターはオープンキッチン形式でにぎやかに作業しているところを見ながら食事ができます

うわぁ ここも素敵ですね
奥には いくつかの個室のような空間の席を作っているのでカップルの方がよく利用されてます
あそこの二人のようにですね
2階へ上がってみましょう

木のフローリングがやわらかくていい雰囲気ですね
1階よりも少し落ちついて食事ができるようにしました
レストランでは自家製のパンを出しております小麦粉の仕入れから焼き上げまで 全てここでやっています
ALL TIME
バゲット

ワインはお手頃価格のものが1階のスペースにおいてあります
地下のセラーには1本何万円もする高級ワインを揃えています
しかも自分でチョイスしてそのまま 上のレストランまで持っていき 抜栓して飲むことができます
小売価格にプラス2000円で飲めるんです
うわぁそれなら安心して持っていけますね

守川さんはここまでレストランやワイン事業を成功させてこられましたが事業を起こす資金はナイトクラブの経営で得たお金ですよね
その辺のお話を少し聞かせていただけませんか?
はい 大学時代気楽な気持ちで始めた水商売のアルバイトですがいろいろノウハウを覚えて大学を中退しこの世界にはいりました
その後独立して自分の店を持ったのは27歳の時です

それはもう いろんなことがありました 反社会的勢力の脅し みかじめ料請求 女の子の引き抜き 暴行事件
でも私の信念は そういうグループとの関わりは 一切持たないということでした そういうことが知られて クラブチックにはいいお客が付き始め 繁昌していきました
ただ こういう ビジネスには 付きものの リスキーなことは 山ほどありました
私は 目の前の 理不尽なことや 危機に対しては 敢然と立ち向かう 人間なんです 実際そうやって 乗り切ってきました
理不尽なことって どんなことが ありましたか？
2000年の12月に 六本木交差点の 近くのビルに 「グラン・クリュ」という ナイトクラブを オープンしました

9・11や
リーマンショックも
乗り越えて
経営は順調でした
ところがオープンから
12年経ったとき
東京都のほうから
申し訳ないけど
あなたのお店は
法律違反です
すぐ閉店して
退去して下さい
え?
どういう
ことですか?
このビルの
このフロアは
住宅用途と
なっています
なので ここで
営業することは
できません
そんな
バカな!?
ビルのオーナーとの
契約書を
調べたら
ちゃんと
店舗用途と
なっていたんです

それで流行《はや》っていたグラン・クリュを閉店させられたというわけですか
それは理不尽ですね
もちろんこっちも黙ってはいません裁判に持ち込みました
しかし2005年にオープンした銀座チックがモデル級の美人揃いと評判が立って大変繁昌していたのでさほどこたえなかったんです
GINZA CLUB CHICK 3F
GINZA CLUB CHICK 3F
でも そのこともあって2012年新しく完全会員制のル・クラブ・ドゥ・トウキョウを六本木のこのビルの中にオープンすることができました

入会には厳しい審査があって
社会的にちゃんとした人物でないと
はいることはできません
セキュリティは完璧にしました
そのクラブにふさわしくない方は
はいれないようにするためです
アメリカ国防総省《ペンタゴン》で
使われている
静脈認証と
暗証番号で開錠する
ロックを付けました
富裕層の方が
安心して遊べる
店として好評です

なるほど 安全と安心があって 繁昌したと……
でも それだけでは 客は来ませんよね まだ何か あるのでは？
はい 先程も 言った通り 当クラブチックは どの店も 美人スタッフが 揃っております
東京一だと 言ってくれる人も います
何故そんなに 美人が集まる のですか？
はい それは チックの従業員に対する 待遇や環境が 他店より優れている からだと自負して おります
それで プロ アマを問わず 応募者が殺到して 採用倍率は 100倍くらいに なってます
100倍！
……それは 美人が集まりますね 納得です！

名前はあかせませんが当店から 少なからず芸能界に行かれた方もいらっしゃいますよ
待遇がいいと言われましたが……例えばどれくらい?
こういうことがありました
バブル崩壊後1997年の頃の話です
社長!お話があります
仕事が終わったあと相談に乗ってくれませんか?
?
いいけど……
「紗希」という当店では客の指名数がナンバーワンのスタッフでした

焼肉
銀座
福龍苑
お疲れさま
ありがとうございます
ところで相談というのは？
はい 私の預金のことで……
どうした？
いま全国で金融機関が次々と倒産していますよねあの大手の山一證券も経営破綻しましたし……

うん
それで?
私の預けている
銀行が潰れたら
どうしたらいいか
と思って
ふむ
ちなみに
どれくらい
預けているんだ?
はい
かなり
……
２０００万円
くらいか?
いえ……
もっと
もっと?
じゃ５０００万円?
1億円です

経営者の私もびっくりする額でした
えー 1億円の現金を持ってるって……
その方は何歳ですか?
ま かなりベテランの部類だったけどそれでも30前だと思う……
あの当時でそこまで持っていたんです
「紗希」は美人で性格がよくて多くの客に好かれました指名もどんどんとったと思います
ただお店を離れると地味で質素な生活をしていたようですだから使わないのでそこまで預金できたのかも知れません

で……
その人は?
もう辞めました
結婚して
普通の主婦になった
と聞きます
パン屋さん
2F
つまり真面目に働けば
うちのシステムでは
大金をつかめるドリームが
あるんですね
だから うちの店に
たくさんの応募がある
と思うんです
なるほど
信賞必罰ですね
はい ちゃんと働いた人には
ちゃんとした報酬がいく
その逆だと
去っていただくと
いうことですね

守川はワイン事業でも
徐々に利益を上げ始める
更に 試飲会などのプロモーションを通し
実店舗ではブランディングを図った
そして2013年
輸入業者として
その功績を
フランスから
認められることと
なった……
社長
!?
今 フランスのボルドーから
連絡がありました
コマンドリー・ド・ボンタン
(ボンタン騎士団)として
社長が叙任されることが
決定したそうです
おめでとうございます

守川はすでに２００７年にサンテミリオン騎士団の称号を得ていたのでこれは２度目の栄誉だった
小さな生産者《ワイナリー》のワインを利益にならなくても輸入し続けECサイトの商品ページに落とし込んで販売した
それがフランスの生産者の評判を呼んでの叙任だった
苦労して始めたワイン事業だがその苦労は裏切らないということが証明されたのだ

2013年
ボルドー　ボンタン騎士団　叙任式

２０１７年
シュヴァリエ・ド・タストゥヴァン
（ブルゴーニュ利き酒騎士団）叙任式

Rakuten 2018
SHOP OF
２０１８年
ワインショップソムリエが
楽天ワインジャンルの
ショップ・オブ・ザ・イヤーを受賞
2018

ワインの在庫が
100万本を超え
土地代と全国発送の
利便性を考えて
倉庫を
浜松市へ移転した

テレビCMも作り
ブランディングのために
いろいろ努力した
一方で守川は
２０１２年あたりから
釈然としない思いと
漠然とした危機感を
持ち始めていた
ビジネスを始めて以来
常にリスクテイキングに
追いかけられて
事業を進めてきた
目の前の理不尽なことや
危機に対しては
全力で立ち向かった

しかし六本木のナイトビジネスという かなり流動性のある人間たちをマネジメントしなければならない事業を続けることに自信を失っていた
ワンワン
ワンワン
自分の行き着く先が見えなかったナイトクラブビジネスに対するコンプレックスもあった
これまでに夜の世界の栄枯盛衰を常に見てきた時代の寵児ともてはやされて消えていく人間をたくさん見たみんな同じ臭いがした……
そんな中 守川は借金も無く不動産収入もあり安定したビジネスを続けていたのに何故か空虚な自分を感じていた

幸せって何だろう
自分のやりたいことは何だろう
自問自答の日々が続いた

守川には自分の理念
原理原則がある
市場が求めるものを
供給し続けることが大切だ
そのためには
企業努力と
イノベーションが
必要となる……
そうだ
社会貢献だ!!
きれいごとを
言うようだが
利益は努力の
結果であって
目的ではない
お客様の幸せが
生産者と取引先の幸せになり
我々の幸せにつながる
フロアレディの幸せが
お客様の幸せになり
それが我々の幸せにつながる
この流れがあれば
継続的に存続することが許されるんだ

いつの間にか自分の仕事が
やらなければならないという
「Have to」に変わって
仕事に追われていた
それが苦痛を感じる原因
だったような気がする
これからは
自分のやりたい
「Want to」を
大切にしよう
そのためには
自分の手が離れても
事業が継続的に動く
自走集団に
しなければならない
もっともっと
社員やスタッフに向き合って
彼らのモチベーションを上げる
ように
会社を作っていこう

２０２１年
守川は心機一転
新しい事業を
スタートする
数年間の構想を経て決めた
完全会員制プライベートサロン
「ＴＨＥ ＳＵＩＴＥ」と
和牛のレストラン「六《りっ》花《か》」の開店である
「ＴＨＥ ＳＵＩＴＥ」は
それぞれタイプの違った
ラグジュアリーな
「10の個室」からなる
個室型クラブだ

一流の人々のための本物の社交場を提供したいというコンセプトから作られた更にレベルの高いステイタスを実感できる店だ

「六花」は石窯を使った究極の火入れステーキを提供する店である
「六花」と「THE SUITE」はコラボしてサービスを提供できるシステムにした

新型コロナの時代にあたり各個室ごとに吸排気換気できる業界初の空調システムを採用した

この新事業の
オープンで
今まで指示がなければ
動かなかったスタッフが
自ら考えて行動する
やる気のある姿勢に
変化してきた
守川敏　53歳
一代で六本木の
ビジネスシーンに
チックグループを
築き上げ 君臨する
若き経営者
彼の挑戦は
まだまだ続く
完

あとがき対談

作者 弘兼憲史 × モデル 守川敏

——ドラマチックな守川さんの半生を、弘兼先生の筆致でよりドラマチックに書き下ろしていただいた今回の作品。当時の六本木が、今以上に刺激的な街だったとよくわかります。

弘兼先生（以下、弘兼）

守川くんより上の世代の僕らにとって、大雑把にいうと、新宿は売れない劇団員や漫画家がたまりやすく、銀座は成功者の遊び場。六本木は芸能人や編集者をはじめとした、おしゃれで最先端の情報を求める人が行く場所だった。それがバブル期にはディスコ全盛期ということもあって、刺激を求める若者で溢れ返るようになったよね。

守川さん（以下、守川）

特に夜の活気はすごかったですね。踊り子さんを抱えた「キャバレー」から今の形態の「キャバクラ」に変わっていったのが80年代なかばで、六本木もバブル期にかけてキャバクラがグンと増えました。だからこの時期、遊ぶのが目的だけでなく、働くことを目的とした若者も、六本木を目指すようになったと思います。

弘兼　当時、ナイトクラブの多くは反社会的勢力が用心棒みたいに後ろに控えていて、ある意味それなくしての成功はなかった。最初に守川くんのことを聞いたときも、「六本木」「バブル」「水商売」と三拍子そろっているだけに、正直警戒したよ（笑）。

守川　そういった疑いは、今でも持たれますね。六本木のクラブの経営者というと、皆さんダーティーな人物を想像しているようで、実際に会うと拍子抜けされます（笑）。

――改めて、お二人が出会った経緯、今回の作品を通して感じたことをお聞かせください。

弘兼　僕らは山口県の岩国市出身なんです。しかも高水学園高水高等学校付属中学校という出身中学も同じ。この学校は一学年50〜60人くらいしか在籍していないから、東京で頑張っている後輩に出会う機会は少ないんですね。ちょうどクラブ「チック」がオープンしたばかりのときに、僕らの共通の恩師である山本先生から守川くんのことを聞いて、店に遊びに行ってみたんです。それから25年くらいのつきあいですね。

守川　実は僕、自分の半生を本にしないかと最初に持ちかけられたとき、迷ったんです。人前で話すことが好きではないし、夜のお店の経営者ということに、どことなくコンプレックスがあって。冗談半分で、「弘兼憲史先生が書いてくれるならやりたい」と返してみたら、先生がオーケーしてくれたというので、一気に乗り気になりました（笑）。

弘兼　マンガにしてみて改めて、守川くんがここまで昇りつめたことをすごいと思ったよ。ある程度儲かってくると派手な暮らしをして、途中でダメになるケースもたくさんあるし、なにせ成功するには、運と努力のふたつが嚙み合わないとならないからね。

守川　確かに先輩方が反面教師となった部分は大きいです。僕はあんまり野心がなくて、ここまでリスクテイキングだけでやってきました。キャッシュを不動産資産に換えてからは、目の前のやるべきことをこなしてきただけで、「のし上がるぞ」みたいな気持ちがない。つまらない男なんです（笑）。

弘兼　麻雀ではよく「上がりたいな」とつぶやいているよ（笑）。冗談はさておき、末端の仕事からコツコツ積み上げてきているから、現場の気持ちがよくわかるんだろうね。外からポッとやってきた経営者じゃ、こうううまくはいかないでしょう。

――守川さんの経営されるクラブは、辞めた女性の出戻りが許されていたり、ツケ払いや売り掛け（客の支払いをキャストが負担する）が禁止だったりと、働く女性に優しいですよね。

守川　彼女たちの幸せがなければ、お客様の幸せ、スタッフの幸せにもつながりません。夜の仕事は体を壊したり、身の危険だったり、リスクを伴います。いくら高給だからといって高いリスクをそのまま背負わせて働かせることを、僕はしたくないんです。

弘兼　飲食事業だけでなく、ナイトクラブでも人事評価システムを導入しているよね。

守川　はい。リクルート出身の方のアドバイスで、ボーイから店舗の責任者まで、それぞれ目標管理設定を行い、四半期ごとに面談をしています。自分で目標を意識させて、課題を棚おろしして実行させるようになってから、成長のスピードが速くなりました。

――お二人は出会って20年以上とのことですが、お互いの印象は変わりましたか？

弘兼　守川くんはずっと謙虚だし、気も利く。これは出世する人の条件でもあるな。

守川　先生こそ、昔から誰に対しても分け隔てなく接しますよね。政界、財界の方々ともおつきあいがある一方で、当時駆け出しだった僕みたいな人間にも、きちんと向き合ってくれる。先生以上に、人間力を感じさせてくれる人はいません。

弘兼　そんなに褒められたら、本性が出せなくなってしまう（笑）。守川くんを見ていて思うのは、ビジネスって人に恵まれるかどうかだよね。僕もやりたいことをとにかく一生懸命やっていたらいつの間にかいい人が集まって、押し上げられた感じだな。

守川　確かに人ですね。創業当初から、今も一緒に働いてくれている者が何人かいるんですが、よくここまでついてきてくれたなと、本当に感謝しています。

――コロナ禍で心境の変化はありましたか？　また、今後の目標があれば教えてください。

弘兼　特にないです。これからも人に迷惑をかけずに、やりたいことをやっていくだけです。

守川　僕は独立したのもバブル崩壊後で、六本木のビルを購入したのもリーマンショックの後で、何かをはじめるときって、たいてい世の中の混乱期なんです。だから、今回も特に不安はなく、明けない夜はないからこそ、今がチャンスととらえて、「六花」と、会員制個室ラウンジ「ＴＨＥ　ＳＵＩＴＥ」のオープンに踏み切りました。

弘兼　その決断、さすがだと思ったよ。確かに、不安になって悩んでいても時間がもったいないしね。

守川　迷わない生き方は、先生から学びました（笑）。あと今後は、飲食店への応援の気持ちも込めて、レストランごとにおすすめのワインを提案するなど、Ｂ ｔｏ Ｂ事業にも力を入れていきたいです。最後になりましたが、改めて先生、今回はありがとうございました！

弘兼　いえいえ、これからも頑張ってくださいね。さあ、麻雀やりに行こうか！（笑）

弘兼憲史（ひろかね・けんし）

1947年、山口県岩国市生まれ。早稲田大学法学部卒業。70年に松下電器産業（現・パナソニック）に入社。退社後、74年に漫画家デビュー。『人間交差点』で小学館漫画賞、『課長島耕作』で講談社漫画賞を受賞。2000年、『黄昏流星群』で文化庁メディア芸術祭マンガ部門優秀賞、03年に日本漫画家協会賞大賞を受賞。著書に『知識ゼロからのワイン入門』『めざせ、命日が定年』（ともに小社刊）などがある。

装丁	小口翔平＋大城ひかり＋奈良岡菜摘（tobufune）
本文デザイン	大城ひかり（tobufune）
企画協力	甘利貴信（クラップス）
装丁資料提供	稲村航平

六本木騎士《ナイト》ストーリー

2021年4月20日　第1刷発行

著　者	弘兼憲史
発行人	見城 徹
編集人	森下康樹
編集者	山口奈緒子

発行所	株式会社 幻冬舎 〒151-0051 東京都渋谷区千駄ヶ谷4-9-7
電話	03(5411)6211（編集） 03(5411)6222（営業）
振替	00120-8-767643
本文製版所	株式会社 二葉企画
印刷・製本所	中央精版印刷株式会社

検印廃止

Printed in Japan
ISBN978-4-344-03774-8　C0095
幻冬舎ホームページアドレス　https://www.gentosha.co.jp/

この本に関するご意見・ご感想をメールでお寄せいただく場合は、
comment@gentosha.co.jpまで。